Versos Breves sobre el Aire

Juan Moisés de la Serna

Editorial Tektime

2021

Prólogo

El aire que respiramos
es difícil de encontrar
no se ve, si lo miramos
pero muy cerca está.

¿Qué es el aire?, me pregunto
difícil es la cuestión
unos dicen que una cosa
y nos dan su información.

Es una mezcla formada
por algunos elementos
que unas veces se enfadan
y otras están contentos.

AMOR

Dedicado a mis padres

Contenido

1. EL AIRE QUE RESPIRAMOS

El aire que respiramos
es difícil de encontrar
no se ve, si lo miramos
pero muy cerca está.

¿Qué es el aire?, me pregunto
difícil es la cuestión
unos dicen que una cosa
y nos dan su información.

Es una mezcla formada
por algunos elementos
que unas veces se enfadan
y otras están contentos.

Pero el aire, ese simple
que siempre yo respiré
no es muy fácil de aclarar
pero lo intentaré.

Porque aires hay muchos
eso no discutirás
no es lo mismo en la montaña
que a la orillita del mar.

Esa brisa mañanera
que sientes en la ventana
cuando abril ha llegado
y la abres por la mañana.

Los huesos duelen un poco
porque hoy se ha colado
ese aire en el invierno
cuando el frío ha entrado.

Pero ¿y ese huracán
que todo está asolando?
¿También es aire?, pregunto
¿Cómo se formó?, ¿y cuándo?

Si todo es aire, lo mismo
¿Qué le ha hecho cambiar?
el oxígeno o el otro
será la parte el fatal.

El hidrógeno a su lado
¿Será el que ha cambiado?
y por eso sopla así
tan fuerte, tan enfadado.

Aire, ¿qué es aire?, me digo
porque no todo es igual
si es el que azota y destruye
o es la brisa primaveral.

Escuchando como sopla
me he puesto a pensar
que quizás sea otra cosa
que con el aire está.

Algo que desconocemos
que le hace ser así
le sentimos, no le vemos
el aire empezó a venir.

La brisa toma más fuerza
empezó el vendaval
hasta los árboles tira
ese aire es fatal.

El aire, ¿qué es el aire?
¿Quién me sabe responder?
¿Es esa brisita suave
o el que sopla tan cruel?

El aire, ¿qué es el aire?

dónde está que no se ve

sólo lo que él nos hace

nos cuenta algo de él.

El aire, ¿qué es el aire?

sin él no puedo vivir

lo respiro todo el día

y cuando voy a dormir.

El aire, ¿qué es el aire?

para mi fundamental

es mi vida, mi existencia

sin él no podría estar.

AMOR

2. HAY POR AQUÍ UN DICHO

Hay por aquí un dicho
que un día escuché
como a mí me gustó
muchas veces lo apliqué.

"Sonríe y sé feliz"
mejor salud tú tendrás
piensa en el otro no en ti
y tu vida alargarás.

Sobre eso voy a contar
esta historia que comienzo
seguro te gustará
me la contaron un invierno.

El aire azotaba fuerte
y grande susto él daba
no dejaba de moverte
del sitio donde te hallabas.

De pronto se oyó un ruido
raro para esos lares
era como un estallido,
retumbó como apares.

Se miraron fijamente
los que allí se encontraban
y dijeron de repente
que en peligro se hallaban.

Había uno decidido
que de pronto se mostró
en su rostro sonriendo
a todos comunicó

—Me parece que aquí amigos,
no estamos ya a salvo
si queréis venir conmigo
y ahora mismito salgo.

Y sonriendo seguía
ayudando a salir
de aquella cueva a otros
para evitar así morir.

Les ayudó uno a uno
hasta que fuera ya estaban
y cuando todos salieron
la cueva del agua se inundaba.

Una gran presa que había
embolsada agua allí
aquel ruido que oirían
el agua era al salir.

Las piedras que contenían
que el viento había movido
caían cuando salía
el agua allí contenida.

El hombre de la sonrisa
que los había salvado
no le conocía nadie
no sabían cómo había llegado.

Les guio campo a través
hasta un lugar seguro
y hasta les dijo después:
—Sonreír, esto es duro.

»La vida hemos salvado
aquí esteramos bien
si todos nos ayudamos
nos podemos reponer.

Cuando pasó el gran aire
todos salieron de allí
y le pidieron al hombre
que les guiara así.

—Tú que sabes bien las cosas
pues la vida nos salvaste
condúcenos en estas cosas
y con nosotros te quedaste.

Me contaron que vieron
todo el grupo muy unido
y que él fue el primero
en saber si hay peligro.

Los enseñó a cazar
a vivir en harmonía
a ser felices sin par
y a alargar así la vida.

Él siempre iba sonriendo
pues contestaba también
cuando le preguntaban
una vez y hasta cien.

¿Por qué siempre sus dientes
fuera los dejaba ver?
¿de qué le servía eso?
ir como a comer.

Él sereno y sonriente
decía al que escuchaba
—Sonríe enseña los dientes
—y así con todos hablaba—

»Cuando me encuentran así
ya todos me lo preguntan.
y paran para hablarme
y hacerme la pregunta.

»De esta forma tan fácil
hablo yo todos los días
y me conoce la gente
antes no me conocía.

»Si sonríes lo verás
que pronto tienes amigos.
y ya solo no estas
serás feliz te lo digo.

»La sonrisa de tu cara

simpático te hace ser

es sencillo cosa clara

si agradar tú quieres ver.

Sonríe y serás feliz

tú ya sólo no te encuentras

lo mismo que pasó allí

repite y luego cuentas.

Pon sonrisa en tu rostro

y tendrás ya compañía

no te encontrarás más solo

entrará en tu vida alegría.

La sonrisa es cosa fácil

pruébala y ya verás

pensarás mejor en otros

y tu vida sanarás.

El egoísmo poco a poco

de dentro desterrarás

sonríe y se feliz

y ya verás.

Cuando problema tu tengas
y todo lo veas negro
si pones una sonrisa
se te pasa así todo.

No es fácil de poner
ves y mírate al espejo
verás tu cara cambiar
ya no pareces un viejo.

Si la sonrisa aflora
a tu cara todo el día
sentirás que desde ahora
te llenas de alegría.

Esa pena que te aflige
dentro de tu corazón
parece que así elije
marcharse aún sin razón.

Todo te parece claro
ya no tienes el problema
la sonrisa te ha dado
felicidad y no pena.

Tú sonríe a la vida
verás cómo esta se porta
evitarás la herida
de otra forma se comporta.

El sol te sale más bello
con su luz así te baña
y cuando llega el destello
todo es bonito, no engaña.

Los campos se hacen más verdes
si tú sonríes allí
mejorar todo tú puedes
sólo con sonreír así.

Tienes que ir por la vida
mostrando bien tu sonrisa
cuando se ve no se olvida
es muy serio y da risa.

La sonrisa de una cara
hace parecer más guapa
la das y ya te comparan
a la más bella del mapa.

Flores seguro que hay
alrededor, en tu entorno.
ellas dicen ¡caray!
¡qué sonrisa!, ¡qué adorno!

Es que nada es igual
a una sonrisa bonita
se le puede comparar
a una rosa muy chiquita.

Aún está en el rosal
pero da gran alegría
su color es especial
y quita la pena mía.

Es la rosa del rosal
la más bella, la chiquita
se la puede comparar
con tu sonrisa bonita.

Esa sonrisa preciosa
que yo te comparo aquí
con el color de una rosa
tú me darás al fin.

Tu sonrisa es un regalo

que precio no puede tener

¿acaso con dinero

se compra un color?, tal vez.

Ni del rosal ni del jilguero

se puede pagar después

la sonrisa hace feliz

a todo el que la ve.

Pero más te hace a ti

ponla y después siéntete

verás cómo te refleja

y te quita el pesar.

Toda la tensión rebaja

y empieza a disfrutar

solo una sonrisa en tu cara

cambia tu forma de contemplar.

Pensamos que ha pasado

mucho tiempo desde entonces.

pero solo ha comenzado

cuando decidiste y dónde.

Tú la sonrisa que pones

y que siempre lo has de hacer.

la penita así escondes

y aflora el querer.

Ya verás cuando lo hagas

cómo lo vas a sentir.

no cuesta nada pagar

y te hace bien vivir.

AMOR

3. UNA POESÍA ME DICES

Una poesía me dices
que te tengo que escribir
yo de poesía no sé
pero algo voy a decir.

Miro despacio la ola
cuando viene a la arena
ella nunca viene sola
siempre trae compañera.

La brisa cuando anochece
ese fresquito que da
que trae los mil olores
que da gusto olfatear.

Esa flor cuando se abre
que deja con suavidad
que la gota de rocío
la venga tierno a besar.

La mirada de el niño
que en su cunita está
con su sonrisa en los labios
te la ofrece sin pensar.

Todo lo de alrededor
poesía me parece
te lo ofrezco a ti lector
para leer si te apetece.

Siéntate en primavera
a ver la puesta de sol
allí los campos floridos
están llenos de amor.

Pisa la nieve en invierno
siente tu cuerpo flotar
esa blancura del suelo
te hará tal vez soñar.

Esa nube que despacio
te sonríe al pasar
regará pronto los prados
o caerá en el mar.

¿Qué es poesía?, dime tu
yo no te sé responder
poesía es el aire
que sopla al amanecer

Que te dice que levantes

el día va a comenzar

que no te pierdas el sol

que empieza a levantar.

Es poesía esa noche

de luna llena estrellada

cuando dando esa mano

paseas con tu amada.

Es poesía en la vida

todo lo del rededor

si lo miramos despacio

y sentimos mucho amor.

¿Qué es poesía?, me preguntas

yo de eso no sé nada

la naturaleza toda

está para contemplarla.

Es poesía escuchar

las hojas en la pradera

cuando el viento que sopla

las balancea ligeras.

Y el baile de las olas
no es poesía quizás
ellas que vienen ahora
rápidamente se van.

Así se pasan el tiempo
bailando a un compás
si tú te paras a verlas
tus penitas se te van.

Porque la ola que viene
y la ola que se va
te tranquiliza enseguida
y te deja mucha paz.

AMOR

4. LAS NOTICIAS A DIARIO

Las noticias a diario

eso nos están diciendo

que de allí viene el frío

que del Norte está saliendo.

Siempre lo he preguntado

y no saben responder

¿Cómo lo fabrica el Norte?

pues fácil no debe ser.

Son los puntos cardinales

que muy distantes están

los que rigen nuestra vida

y no sé cómo será.

Preguntas y más preguntas

que salen aun sin pensar

cuando nos sucede algo

y nadie responderá.

¿Qué es el frío?, pregunto

¿Y por qué ha de pasar?

que siempre viene del Norte

y eso qué más nos da.

Lo que sí que es importante
es que nos pille abrigados
pues si no seguramente
cojamos un constipado.

Que sopla el aire del Norte
muchas veces se ha escuchado
la procedencia no importa
sólo que te deja helado.

Por eso sal abrigado
y seguro no verás
si viene el aire del Norte
y ni te constiparás.

Del Norte, del Sur, del Este
es viento está soplando
y en invierno es muy frío
pues síguete abrigando.

Y cuando en el verano
sople el viento del Sur
quítate toda la ropa
pues si no sudarás tú.

Del Norte, viene del Norte

se seguirá escuchando

cuando en invierno sopla

el viento que viene helando.

AMOR

5. DICEN QUE UN DÍA DE INVIERNO

Dicen que un día de invierno
un viento fuerte sopló
los árboles que había
de cuajo los arrancó.

El campo está desierto
ningún árbol ha brotado
desde que llegó el invierno
todo está allí nevado.

Antes un bosque había
la tradición lo recoge
¿Cuántos árboles tendría?
tú la respuesta escoge.

Un gran número de ellos
árboles por todos lados
y todos eran muy bellos
el viento los ha arrancado.

Nadie se atreve a plantarlos
pues sucederá otra vez
acabará arrancándolos
sin remedio, ¿no lo crees?

Pero la pena que da
de ver el campo así
solitario, sin el bosque
el que antes había aquí.

Hadas dicen que existían
ellas, ¿a dónde se fueron?
los troncos donde vivían
todos al suelo cayeron.

Los Delfos también estaban
por el bosque escondidos
ahora quién sabe dónde
esos Delfos se habrán ido.

En árboles centenarios
mil aves allí había
todas ellas se marcharon
otras casas buscarían.

Aquel aire traicionero
que tan fuerte él sopló
el bosque aquel que había
esa noche destrozó.

La vida que él tenía
toda ella se marchó
el campo quedó desierto
nadie más allí volvió.

Los trinos que se escuchaban
cuando el sol se acercaba
ahora solo hay silencio
y triste el campo estaba.

AMOR

6. UN VIAJE DIFERENTE

Un viaje diferente
una vez yo realicé
no iba por carretera
ni los aires yo surqué.

El agua por todos lados
era lo que allí había
estaba haciendo un crucero
y aquel barco se movía.

"¿Quién me habría engañado?"
una vez y otra pensaba
pues el mareo aquel
con nada me lo quitaba.

Meneíto y meneíto
las olas hacían dar
a aquel enorme barco
que se mueve sin parar.

La comida no probé
¿Cuántos días ya llevaba?
solo el baño conocí
de él no me separaba.

Un crucero es cosa buena
unos y otros decían
la brisa de la mañana
a muchos les gustaría.

Los días pasan despacio
pero el mar no se calmaba
las olas daban al barco
más así me mareaba.

Por fin se acabó el tormento
el barco aquel atracó
allí parado en el puerto
el mareo se me quitó.

Si tú quieres agradarme
y un regalo hacer
no me lleves de crucero
pues me harás padecer.

Llévame a una playa
donde me pueda tumbar
allí sobre la arena
que quieta siempre está.

Donde el sol poder tomar

sin tener que soportar

el movimiento continuo

del barco en alta mar.

AMOR

7. NO SÉ CÓMO SUCEDIO

No sé cómo sucedió
ni por qué eso pasaba
pues sin internet un día
asombrado me encontraba.

Eso ocurre muchas veces
sin saberlo explicar
que nos hacemos adictos
sin poderlo remediar.

Internet es necesario
hasta para respirar
eso hemos conseguido
con tanta modernidad.

Antes, pero no hace mucho
tranquilamente vivíamos
no teníamos internet
pero un día lo tuvimos.

Nos facilita la vida
y nos da conocimiento
pero cuando no está
¡Esto es un aburrimiento!

"Y ahora, ¿yo que hago?
frente al ordenador
si no tengo internet
me aburriré un montón"

Piensas así unos instantes
que eternos se están haciendo
no se te ocurre marcharte
la pantalla estás viendo.

Pero bueno, ¡reacciona!
que no es tan importante
antes no lo conocías
ni lo tenías delante.

Y jugabas, y reías
salías a pasear
todo eso se pasó
ahora no hay tiempo ya.

¿Ves lo que ha sucedido?
fue por culpa de internet
que tu vida ha cambiado
aunque no lo quieras ver.

Una maquina parece
pero a ti te ha cambiado
ya no ríes, ni paseas
siempre estás ahí sentado.

Y si un día te falta
no se te puede aguantar
el mal humor que te entra
no lo puedes controlar.

Hoy no tienes internet
a nadie puedes culpar
la red, dicen que ha caído
así podrás descansar.

Y quizás dar un paseo
o montar en bicicleta
o jugar un partidito
así estirar las piernas.

Esas que ya te protestan
de tanto estar sentado
de estar con internet

muchas horas enchufado.

Aprovecha que hoy no tienes
y así podrás respirar
ese aire de la calle
que bien te va a sentar.

Pues el cuerpo necesita
un poco de libertad
no estar siempre sentado
y si es posible andar.

Quizás recuerdes que antes
algún deporte hacías
ahora con internet
sólo en él lo veías.

AMOR

8. EN UNA TARDE DE INVIERNO

En una tarde de invierno
un grupito se encontraba
tomando el solecito
donde el aire no le daba.

El frío era intenso
pero el sol había salido
y en el lugar aquel
muchos se han reunido.

Calentando un poquito
el sol un rato llevaba
y uno de aquel grupito
diciendo esto estaba.

"¿Quién quiere una cerveza?"
otro de allí contestó
"¿Qué dices?, mejor un vino"
"¡Que no, que no y que no!".

En silencio quedan todos
pues muy rotundo ha sido
el que ha dicho que no
y así él ha seguido.

"El solecito un momento
aquí solo va a estar
yo propongo entrar dentro
y caliente algo tomar".

Pensativos se han quedado
los que había reunidos
uno le ha contestado
"Estoy de acuerdo contigo.

Un chocolate caliente
mejor nos va a sentar
y también unos churritos
para los dedos chupar".

"Sí, sí, la idea es mejor"
el grupo le está diciendo
"Tomemos el chocolate"
y se entraron corriendo.

Unos churros tiene fritos
el chocolate también
alrededor de la mesa
allí se está muy bien.

El brasero encendido
también la televisión
era una tarde de frío
en que el solecito dio.

Pero ese sol de invierno
muy prontito se ha marchado
y como hacía frío
la calle sola ha quedado.

Y seguro que mañana
de nuevo se llenará
el rincón aquel de gente
que se sienta a calentar.

Lo mismo que caracoles
van en busca de ese sol
y aprovechan cuando sale
para tomar su calor.

Pero si está nublado
nadie se atreverá
a salir en todo el día

si no frío cogerá.

AMOR

9. LAS NOTICIAS A DIARIO

Las noticias a diario
eso nos están diciendo
que de allí viene el frío
que del Norte está saliendo.

Siempre lo he preguntado
y no saben responder
¿Cómo lo fabrica el Norte?
pues fácil no debe ser.

Son los puntos cardinales
que muy distantes están
los que rigen nuestra vida
y no sé cómo será.

Preguntas y más preguntas
que salen aun sin pensar
cuando nos sucede algo
y nadie responderá.

¿Qué es el frío?, pregunto
¿Y por qué ha de pasar?
que siempre viene del Norte
y eso que más nos da.

Lo que sí que es importante
es que nos pille abrigados
pues si no seguramente
cojamos un constipado.

Que sopla el aire del Norte
muchas veces se ha escuchado
la procedencia no importa
sólo que te deja helado.

Por eso sal abrigado
y seguro no verás
si viene el aire del Norte
y ni te constiparás.

Del Norte, del Sur, del Este
es viento está soplando
y en invierno es muy frío
pues síguete abrigando.

Y cuando en el verano
sople el viento del Sur
quítate toda la ropa
pues si no sudarás tú.

Del Norte, viene del Norte
se seguirá escuchando
cuando en invierno sopla
el viento que viene helando.

AMOR

10. UN DIA YA MUY LEJANO

Un día ya muy lejano
este libro comencé
verso a verso, día a día
por fin hasta aquí llegué.

Los versos son como flores
que hay que ayudar a crecer
el sol y el agua ayuda
a buen aroma tener.

Pero que si no las cuidas
se podrán estropear
y luego, aunque lo intentes
no lo puedes arreglar.

Las rimas de esos versos
no son fáciles de hacer
unas veces son sencillas
como ese anochecer.

Que llega sin esperarlo
cuando el sol se está marchando
y la luna poco a poco
en el cielo va asomando.

Otras veces no es así
y por más que se espere
ni un verso viene ya
y la tarde así se muere.

Como un día de tormenta
cuando está luciendo el sol
nadie espera que se marche
pero él ya se marchó.

En la vida hay momentos
que se pueden disfrutar
con unos versos preciosos
que salen aun sin pensar.

Mientras miras una estrella
o esa agua del mar
un niño o una flor
todo te puede inspirar.

Pero sin embargo hay otros
en que es difícil decir
lo que te inspira el paisaje
y no puedes escribir.

No salen si no te esfuerzas

pues se niegan a salir

dentro muy dentro se quedan

solamente para ti.

Pero si hasta aquí has llegado

y no te has aburrido

gracias te digo lector

pues para ti esto ha sido.

Quizás en otro momento

nos volvamos a encontrar

yo seguiré escribiendo

deseo que vivas en paz.

AMOR

11. SIEMPRE HAY ENTRE LOS DEDOS

Siempre hay entre los dedos

una frase que escribir

sólo ponerse a hacerla

veremos qué va a salir.

Quizás sea poesía

lo que hay que decir

de una mañana radiante

cuando se ve al sol salir.

Ese rayo aún lejano

que en horizonte está

que dentro de un segundo

seguro me alumbrará.

Poco a poco caminando

el sol se acercará

y la noche se acaba

ya no hay oscuridad.

Esas nubes que cubrían

el cielo se han marchado

todo azul se ve ahora

el sol lo ha despejado.

Amanece despacito
algo de luz se ve ya
la oscuridad que había
se acabó de marchar.

Nuevo día ya tenemos
para poder disfrutar
de esta vida tan hermosa
que nos acaban de dar.

Sentada aquí en la playa
la arena aun fría está
pero el sol que se acerca
pronto la calentará.

En calma el mar espera
este nuevo amanecer
sus tranquilas aguas dicen
que hoy bueno va a hacer.

La ola llega despacio
a la arena ha besado
y bajito la ha dicho
"El sol ya ha regresado".

La arena poquito a poco
se empieza a calentar
el frío se está marchando
como aquella oscuridad.

El sol ilumina todo
el día ya comenzó
la vida vuelve de nuevo
todo a vibrar empezó.

Un gallo está cantando
con alegría dirá
"¡Despertar, que está llegando!"
y a todos avisará.

El pajarillo en su nido
al gallo ha escuchado
un ojito está abriendo
y un reflejo le ha dado.

A cantar con alegría
el pequeño empezará
"¡Despertar, es nuevo día!"
su trino así dirá.

Canta en su rama alegre
al sol su linda canción
contento porque ha llegado
y la noche se acabó.

Las estrellas a él le gustan
mucho las ha contemplado
pero esta luz del sol
siempre más le ha gustado.

Que quiten la noche oscura
donde no se puede ver
el peligro que acecha
y no se atreve a mover.

La luz que está llegando
que ilumina el ambiente
con ella está seguro
es feliz y más valiente.

Por eso todos los días
él se pone a cantar
al sol esta melodía
que sabe le va a agradar.

El sol la escucha despacio
mientras sigue caminando
calentando la arena
y a todos iluminando.

El nuevo día ha llegado
el campo se enteró
y las flores que había
esa luz las despertó.

Todas ellas muy contentas
de nuevo han florecido
se cerraron con la noche
pero ahora han salido.

En el verdor de la hierva
las amapolas están
mirando al sol que viene
el día comienza ya.

Meciéndose con la brisa
del aire al amanecer
mientras el rocío cae
como lo hizo ayer.

Esas gotas de rocío
que las hojas van llenando
brillan al sol como perlas
cuando su luz les va dando.

El campo está precioso
siempre al amanecer
todo es tan silencioso
se oye a la hierba crecer.

No te duermas a estas horas
todo te lo perderás
cuando se acerca el sol
maravillas tú verás.

Sal de la cama y comprueba
un día el amanecer
al sol cómo se acerca
¡Es lindo, lo vas a ver!

12. DÍA DE LLUVIA INTENSA

Día de lluvia intensa

que se vive por aquí

se moja todo el entorno

y no se puede salir.

Amaneció algo nublado

pronto se puso a llover

ya todo esta mojado

el río empezó a crecer.

Peligro hay me parece

de que vaya a desbordarse

se le mira como crece

esto no va a pararse.

Por los intensos nublados

que se divisan allí

parar creo de mojaros

no vais a dejar aquí.

La lluvia dicen que es

una limpieza total

que quita hasta el estrés

y que impide todo mal.

Purifica el ambiente
y da agua a los campos
cuando está todo caliente
baja para refrescarnos.

Agüita de lluvia ven
lava todo el entorno
limpia el alma también
y positivo me pongo.

Cuando el agua aquí cae
la vida se paraliza
con tanta fuerza me cae
ya tornado preconiza.

Cerrar todas las ventanas
atar a los animales
tapar todas las entradas
que no produzca más males.

El agua que está cayendo
y que es tan necesario
va a su paso destruyendo
lo que encuentra en su radio.

Su cauce se lo robaron

los hombres de por allí

y sus aguas atraparon

en la presa porque sí.

No se enteran todavía

que al agua hay que temer

ella tiene energía

no la pueden retener.

Con furia ya baja el río

y su cauce recupera

y tú que en él te has metido

te deja sin casa entera.

No es el agua una asesina

ella no quiso matar

es el hombre imprudente

que la quiso amarrar.

Desvió el cauce aquel

y le cortó ya su paso

pensaba que era él

el dueño, pero mirarlo.

A la naturaleza nunca

se la debe molestar

ella tiene bien sus ciclos

tenemos que respetar.

Las lluvias y los secanos

tienen su razón de ser

vosotros sí respetarlos

no lo llegáis a entender.

Son los ciclos de la vida

muy fácil de asimilar

la naturaleza tiene

trabajo que desarrollar.

Déjala que libre actúe

ella a ti te dejará

tú eres sólo un segundo

ella es la eternidad.

Tu paso por esta tierra

es un instante muy corto

no la proclames la guerra

te eliminará muy pronto.

Tú tienes las de perder
aunque inteligente seas
ella es más grande si
se enfurece para que veas.

No te quiso tratar mal
pero tú te lo buscaste
ella actúa siempre igual
pero tú ahí te instalaste.

Llegaste un día al río
el paisaje te gustó
esto es bonito es mío
el río te encantó.

Le obstruiste su curso
para construir un pantano
sembraste en sus riberas
con el agua se regaron.

No habías tenido en cuenta
lo que pasa por allí
cuando llueve y cae mucho
inunda todo aquí.

El aire se mueve mucho
el viento se hace sentir
arrastra árboles grandes
y no se puede vivir.

La naturaleza es sabia
eso te lo digo yo
tiene sus reglas cumplirlas
nos toca es lo mejor.

No viváis donde hace viento
ni a la vera de la mar
ni a la rivera del río
pares para reposar.

Cuando ella nos avisa
lo mejor que hay que hacer
es poner mucha atención
si no queremos padecer.

Ahora todo está cambiando
eso dicen por doquier
tenemos que estar mirando
y ver qué hay que hacer.

Seguro que nos indica
que tengamos más cuidado
el viento como hasta ahora
nunca, nunca ha soplado.

El agua causa destrozos
se la culpa por doquier
seguro que ha tenido
el hombre mucho que ver.

Quiere dominarlo todo
ser el dueño y señor
la Tierra estaba aquí
antes de su aparición.

Si vemos como avisa
tendremos que atender
si no lo hacemos con prisa
su ira vamos a ver.

AMOR

13. UN SUEÑO TUVE UN DÍA

Un sueño tuve un día
que aquí te voy a contar
si quieres sigue leyendo
y te vas a enterar.

Soñé que buscaba un sitio
tranquilo para escribir
un lugar algo desierto
donde me pudiera ir.

Una isla o algo así
era en lo que soñaba
y ahora estoy aquí
ese lugar encontraba.

Un día en avión
hasta Malta iba volando
mirando por la ventanilla
entretenida pensando.

¿Qué habrá en ese sitio?
y nerviosa me encontraba
no sabía si podría
escribir y preguntaba.

¿La gente cómo hablará?
¿cómo me voy a entender?
¿y wifi allí habrá?
¿y la tele podré ver?

Preguntas y más preguntas
solo se me ocurrían
cuando de pronto escuché
que el avión descendía.

Corto se hizo el viaje
y de pronto me encontré
mirando aquel paisaje
una isla divisé.

Agua por todos los lados
desde el aire había visto
pero he aterrizado
y todo es muy distinto.

Carretera interminable
hasta llegar al hotel

es lo que he recorrido
y campo solo se ve.

El mar por ninguna parte
ahora no lo veía
¿dónde estará? me pregunto
y por el campo seguía.

Kilómetros no sé cuántos
hay hasta que llegué
a la puerta del hotel
y el mar no encontré.

Menos mal que en el balcón
las cortinas recorrí
y frente por frente el mar
en su inmensidad le vi.

Calmado estaba hoy
maravilloso el paisaje
¿pero y si hay tormenta?
y deshice el equipaje.

Ahora estoy escribiendo
sentada en el balcón
frente a ese mar viendo
como el sueño se cumplió.

En una isla estoy
aquí tranquila me encuentro
y dando paseos voy
cuando el sol se está poniendo.

Quizás no termine el libro
aunque lo intentaré
seguro que el paisaje
en sus hojas contaré.

Esa agua trasparente
que te invita a nadar
en esas playas vacías
si te gusta madrugar.

Ese olor a salitre
que viene de ese mar
que te dice que le mires
y te invita a soñar.

Y a la puesta del sol

allá en la lejanía

recordarás esa tierra

donde un día vivías.

Y quizás solo quizás

te entre melancolía

y decidas regresar

a recuperar tu vida.

Pero el tiempo ya no vuelve

el pasado ya no está

sigue feliz en la isla

donde se respira paz.

AMOR

14. LA TORMENTA HA LLEGADO

La tormenta ha llegado

el mar que en calma estaba

enseguida se ha enterado

y el agua se agitaba.

Olas por todos los lados
ahora se ven por allí
furiosas se han levantado
a la tierra quieren ir.

Las rocas que las sujetan
no las pueden contener
saltan por encima de ellas
así se las puede ver.

Hoy el mar está bravío
la tormenta le cambió
el agua antes serena
parece que se enfadó.

No se quiere contener
ruge y ruge sin cesar
no se puede uno meter
el peligro hay que evitar.

El mar está hoy bravío
no te acerques a él
el agua salta con fuerza
peligro puedes tener.

Sus olas suben al cielo
nunca antes fue así
esa agua salpicando
trata de salir de allí.

Hoy no quiere estar tranquila
algo le ha sucedido
la tormenta ha llegado
y todo el mar ha movido.

Olas como nunca ha habido
hoy se las puede observar
bravío está el agua
a la tierra va a azotar.

Rocas duras ha partido
nada la puede parar
cuando el mar está bravío
nadie se debe acercar.

Los pescadores lo saben
y no salen a pescar
esta noche hubo tormenta
hoy está bravío el mar.

Los rayos que han caído
las aguas han agitado
y las olas enseguida
furiosas se han mostrado.

La arena de la playa
toda desapareció
el agua se la ha llevado
en el fondo la dejó.

Está el acantilado
allí al lado observando
cómo la mar se acerca
y fuerte le está azotando.

Furioso sube con fuerza
quiere en la tierra trepar
inundar todo el entorno
está bravío el mar.

Mucho tiempo ha pasado
no parece acabar
el aire azota al agua

y la hace salpicar.

Cuídate de la tormenta

vete lejos del lugar

cuando veas esas olas

no te vayas a acercar.

El agua está furiosa

la tormenta trasformó

la tranquilidad que había

revuelto todo dejó.

AMOR

15. LA MAÑANA CON SU LLUVIA

La mañana con su lluvia

y muy fría ha estado

pero la tarde al fin

soleada ha quedado.

Caracoles por el suelo

por allí se pueden ver

a tomar el solecito

y un poco de aire también.

Despacito se acercan

y luego se pararán

allí estarán un ratito

y después se marcharán.

Siempre les gustó el sol

por eso están ahí

tomándolo tranquilitos

antes que se vuelva a ir.

Los caracoles lo saben

ellos actúan así

después de la lluvia el sol

saben que va a venir.

Listos son los caracoles

nadie les ha avisado

de que la lluvia cesó

y el sol ya ha alumbrado.

Un buen rato lo han tomado

y comienzan a andar

despacito se han marchado

con su lento caminar.

Ninguno ya se divisa

la noche va a llegar

el sol poquito a poco

ha dejado de alumbrar.

Por eso los caracoles

ya se habían marchado

la oscuridad no les gusta

con ella el frío ha llegado.

AMOR

16. VIAJANDO POR EL MUNDO

Viajando por el mundo
lugares he conocido
gentes diversas había
pues mucho he recorrido.

Viajar siempre es algo
que se tiene que pensar
pues te desplazas tal vez
sin saber a qué lugar.

Recorriendo esos cielos
vistos desde el avión
cumplirás esos anhelos
que te hacen ilusión.

Pero será con tus ojos
lo que podrás apreciar
mil maravillas en ellos
seguro que tú verás.

Llegarás a los confines
al recóndito rincón
luego lo podrás contar
como estoy haciendo yo.

En un lugar en que nadie

te pueda contradecir

ni preguntarte siquiera

¿por qué tú fuiste allí?

La vida, solo la vida

en aquello me embarcó

y dejándome llevar

muchas cosas, me enseñó.

Allí en el Himalaya

a sus pies te preguntabas

que qué hacías allí

tan cerca del cielo estabas.

Y sin pasar mucho tiempo

volvías a preguntar

¿por qué aquí he venido?

a bañarme a este mar.

"Muerto" le llaman los hombres

porque peces no había

y se flotaba muy bien

de la sal que él tenía.

Y viajando seguías
lo hacías sin parar
el océano cruzabas
hasta América llegar.

Y en Canadá pensabas
que qué hacías allí
nadie te lo contestaba
y te volvías a ir.

En la Pampa Argentina
también pusiste tus pies
preguntando ¿qué hago aquí?
allí estabas otra vez.

Pero no acabó el viaje
ese ha continuado
y aunque te cueste creerlo
a Australia te ha llevado.

Dos veces en ella has puesto
tus pies ya algo cansados
pero parece que allí

el ánimo se ha redoblado.

Y viajando de nuevo
por la Tierra has seguido
a Finlandia o a Polonia
también sé que tú has ido.

Los viajes en la vida
siempre un plan, han seguido
y aunque tú lo preguntas
aun no se ha respondido.

Pero eso no importa
lo importante es viajar
a destinos muy lejanos
y también cruzando el mar.

A los Ángeles tú fuiste
en Santo Domingo paraste
y Portugal o en Italia
también sé que visitaste.

Caminos ya recorridos
difíciles de olvidar
por donde pasé un día

no sé si voy a regresar.

Pero nunca estoy seguro
que tanto había soñado
ir hasta la Tierra Santa
o a Egipto allí al lado.

En Nepal aquella vez
una estúpa visité
su gente allí orando
en silencio admiré.

Surcando el Nilo pensaba
¡Qué bello amanecer!
el sol poquito a poco
empezó a aparecer.

Esos colores que había
nadie los puede pintar
solo allí se encuentran
en aquel lindo lugar.

El silencio que se escucha

en aquel techo del mundo
subido en el Himalaya
llega a lo más profundo.

Hay sensaciones a veces
difíciles de compartir
que cruzando un desierto
quizás tú puedas sentir.

En Australia el Uluru
mágico dicen que es
ya lo notas al llegar
también lo sientes después.

Los aborígenes dicen
que del espacio bajó
esa piedra colorada
que alguien allí colocó.

Son historias, tradiciones
difíciles de comprobar
pero que al que lo cree
quizás le pueda ayudar.

Viajando se conocen
historias desconocidas
gentes de otros lugares
civilizaciones perdidas.

Piedras que hablan de hechos
que ocurrieron allí
de unos tiempos remotos
y de quién las puso así.

Las pirámides de Egipto
nos podrían revelar
la función que ellas tuvieron
si se las dejara hablar.

También hay otros lugares
difíciles de encontrar
en grandes cuevas metidos
que nos podrían contar.

Como cuando en esta Tierra
aun nada existía
por lugares parecidos
otros seres se movían.

Estalactitas contienen
secretos desconocidos
de hechos que en la Tierra
muy antiguo han sucedido.

Civilizaciones grandes
que el tiempo ha borrado
y secretos de su avance
que aún no se han encontrado.

Porque la Tierra que hoy
mirándola podemos ver
es diferente, más joven
de cómo lo era ayer.

Cataclismos sucedieron
que todo lo arrasaron
y las gentes que había
a mejor vida pasaron.

La Tierra no es la misma
este aire no había

otra mezcla muy distinta
la atmósfera tenía.

Muy distinto todo era
imposible comparar
ni agua tenía siquiera
no existía ni el mar.

Hechos que han sucedido
que solo puedes saber
escuchando narraciones
de los lugares que ves.

AMOR

www.ingramcontent.com/pod-product-compliance
Lightning Source LLC
LaVergne TN
LVHW010656200726
843507LV00011B/1893